Seelenbuch Verlag 

Seelenbuch Verlag

# Danksagung

Mein Dank gehört Dir!

BETTINA GRONOW

# ON 365 DAYS

Reach for the stars in the sky and
not for the stones on the ground.

## DEIN TAGESBEGLEITER IN EN/DE

© von Anbeginn bis 2024 ~ Seelenbuch Verlag

| | |
|---|---|
| Herausgeberin | Bettina Gronow |
| Autorin | Bettina Gronow |
| Covergestaltung | Nathalie Geiger |
| Coverbild | Bettina Gronow |
| Autorenfoto | Detlef Postler |
| Layout & Satz | Alexa Zwölfer |
| Übersetzung | Janet Mühlbacher |
| Korrektorat | Sybille Weingrill |
| Druck | Libri Plureos GmbH, Friedensallee 273, 22763 Hamburg |

2. Auflage

ISBN: 978-3-910337-48-0

All meinem Wirken und Sein gebe ich die Zutaten
der Liebe,
der Schönheit,
der Vollkommenheit und
der Vollendung hinzu.

BoD kümmert sich nach bestem Wissen und Gewissen darum, dass dieses Buch zu dir gelangt. Viele pflichtbewusste Aufgaben liegen in den Händen von BoD. Besten Dank dafür!

Natürlich befindet sich dieses Buch auch in der Deutschen Bibliothek und wird dort für die Nachwelt aufbewahrt. Hier wirst du fündig: https://www.dnb.de

# Inhalt

# Ein Wort zu Beginn

*„Die Grenzen deiner Sprachen*
*sind die Grenzen deiner Welt.“*

Für all diejenigen, die in den Genuss der
englischen/deutschen Sprache kommen möchten
und sich zugleich mit ihrer eigenen Persönlichkeit
beschäftigen wollen, ist dieses Buch genau das
Richtige. Der tägliche zweisprachige Satz
verbindet nicht nur die zwei verschiedenen
Sprachen Englisch und Deutsch, sondern er
verkörpert ebenso die Individualität dieser beiden.
Das Buch bietet dabei genügend Raum für
Interpretationen und ausreichend Platz für ganz
eigene Gedanken. Begeben Sie sich ein Jahr lang
auf eine geistliche Entdeckungsreise und trainieren
Sie zugleich Ihre sprachlichen Fähigkeiten!

January

Januar

Hear and feel the abundance of the words
that you encounter.

*Höre und fühle die Fülle der Wörter, die dir begegnen.*



Your soul will show you what it needs to exist.

*Deine Seele zeigt dir, was sie für ihr Dasein braucht.*

## 3. Januar

Whatever your mood is today,
you are smarter, because you can smile.

*Egal, welche Stimmung dir deine Laune heute präsentieren mag,
du bist schlauer als sie, denn du kannst lächeln.*

## 4. Januar

Grow, prosper and exploit your full potential.

*Wachse, gedeihe und schöpfe dein Potenzial voll aus.*

## 5. Januar

Here you are; where will you be one day…?

*Hier stehst du nun; doch wo wirst du einst stehen …?*

## 6. Januar

You create your own reality,
in bright colours or in black and white.

*Du erschaffst dir deine eigene Realität,*
*ob in bunter Farbe oder in Schwarzweiß.*

We are all connected, and what we do to others affects
us too. What others do to us affects them likewise.

*Wir alle sind miteinander verbunden,*
*und was wir anderen antun, tun wir uns selbst an.*
*Und was uns andere antun, fügen sie sich selbst zu.*



Change your life,
so that you and your inner voice become one.

*Verändere dich so, dass du und deine innere Stimme eins seid.*

Clarifying talks satisfy the soul.

*Klärende Begegnungen befriedigen deine Seele.*




A warm heart is made of flesh and blood,
and not of coldness and apathy.

*Fleisch und Blut machen dein lebendiges Herz aus
und nicht Kälte und Gleichgültigkeit.*

## 11. Januar

We should hold onto wishes that come from the heart
and believe in them, so that they can become reality.

*Wünsche, die von deinem Herzen kommen, solltest du festhalten
und du solltest an sie glauben – damit sie Realität werden können.*

## 12. Januar

Your talents are optimally expressed
when you treat yourself and the world fairly.

*Sei gerecht zu dir und zu der Welt,
dann kann sich deine Kraft am besten entfalten.*

## 13. Januar

Believe in yourself, especially in life's darker moments.

*Glaube an dich, besonders in den engen Gassen des Lebens.*

## 14. Januar

We carry our guilt and responsibility within ourselves.
We can liberate ourselves from our guilt, but not from
our responsibility.

*Du trägst deine Schuld und Verantwortung in dir selbst.*
*Befreien kannst du dich jedoch nur von deiner Schuld*
*– nicht aber von deiner Verantwortung.*

All that we do is seen,
and nothing remains undiscovered.

*Du wirst gesehen! All das, was du tust, bleibt nie unentdeckt.*




Take only one person along your life's path
and you will not regret it.

*Geh mit einem Menschen deinen Weg
und du wirst es nicht bereuen.*

## 17. Januar

If we don't start to believe in ourselves and the good in
this world, your hands will be empty.

*Deine Hände werden leer sein, wenn du nicht beginnst,*
*an dich und an das Gute zu glauben.*

## 18. Januar

Winds may blow more or less strongly, but your path
can remain the same.

*Je nach Jahreszeit bläst der Wind stärker oder schwächer*
*– doch dein Weg kann derselbe bleiben.*

# 19. Januar

If you are not true to life,
you cannot be true to yourself and your worth.

*Betrügst du das Leben, betrügst du dich und deinen Wert.*


# 20. Januar

There are always helping hands around us.
We only have to ask for them and take them.

*Es gibt immer eine helfende Hand links oder rechts von dir,*
*du musst nur nach ihr fragen und sie annehmen.*

# 21. Januar

We should be surrounded by gratitude
like water around a firm rock.

*Dankbarkeit sollte dich immer umspülen,*
*wie das Wasser einen Felsen in der Brandung.*

# 22. Januar

Share your thoughts and feelings
with your surroundings, and show who you really are.

*Teile deine Gedanken und deine Gefühle mit der Welt,*
*die dich umgibt, und zeige, wer du wirklich bist.*

## 23. Januar

Sometimes we feel weighed down by cares
and problems, but friendly words that come from the
heart make them lighter.

*Sorgen und Probleme erdrücken uns Menschen, doch gegenseitige*
*freundliche Wörter – die von Herzen kommen – erleichtern vieles.*


## 24. Januar

Humility lets us see
and appreciate the beautiful things in life.

*Demut lässt dich die schönen Dinge des Lebens sehen*
*und sie wertschätzen.*

## 25. Januar

Your life is ready and waiting for you!

*Dein Leben ist bereit und wartet auf dich!*


## 26. Januar

Change direction, be cheerful and free.

*Wende dich und werde heiter und befreit.*

## 27. Januar

The spiritual part of you
can give you more succour than you imagine.

*Das Geistliche in dir kann dich mehr unterstützen,*
*als du annimmst.*

## 28. Januar

At first there was fear,
finally becoming trust and confidence.

*Am Anfang war es die Angst, die sich bei dir meldete,*
*und am Schluss kann daraus Vertrauen und Zuversicht werden.*

## 29. Januar

By working together, we increase our potential.

*Indem wir uns zusammentun, erhöhen wir unser Potenzial.*

## 30. Januar

Peace isn't just a wish, it's an attitude.

*Frieden ist kein Wunschwort, sondern eine Einstellung.*

Don't let life change the way you are.

- 25 -

*Lass dich nicht vom Leben verformen.*

February

Februar

# 1. Februar

Be strong and courageous.

*Sei stark und mutig.*


# 2. Februar

We all bear responsibility for our actions.

*Wir alle tragen die Rechnungen für unser Handeln immer bei uns.*

Things happen in life just as they were set in motion long before we existed.

*Die Dinge passieren genau so in deinem Leben, wie sie einst*
*— lange vor uns — aufgereiht wurden.*



Your most important work is your life.

*Dein Hauptwerk ist dein Leben.*

# 5. Februar

Life gets interesting
when we become aware of our mistakes.

*Das Leben fängt dann an, interessant zu werden,*
*wenn dir deine Fehler bewusst werden.*

# 6. Februar

Build on what already exists. There's lots of potential up
to the sky.

*Bau auf! Auf das, was schon vorhanden ist,*
*denn es ist nach oben hin viel Luft.*

Rely on your heart and not on your reason.

*Verlass dich auf dein Herz und nicht auf deinen Verstand.*



Thanking others every time is the measure of how you value yourself.

*Danke sagen – zu jeder Zeit – ist der Wert deines Selbst.*

# 9. Februar

If you can trust, you will receive what you need every day.

*Wenn du vertraust, dann wirst du jeden Tag das erhalten,*
*was nötig ist.*


# 10. Februar

If you want to achieve more, start your day early – before the sun awakens.

*Noch früh – bevor die Sonne aufwacht*
*– beginnt dein Tag, wenn du mehr erreichen willst.*

# 11. Februar

Wait and be calm.
Then your soul will communicate with you.


*Warte ab und werde ruhig. Dann meldet sich deine Seele von selbst.*


# 12. Februar

Whatever you want to become, become it.

*Was immer du werden möchtest, werde es.*

# 13. Februar

You illuminate this world. Turn on your light.

*Du bist ein Licht dieser Welt. Bringe dich zum Leuchten.*


# 14. Februar

Concentrate, organise, focus
on one issue and success is yours.

*Konzentriere, ordne und minimiere dich auf einen Punkt*
*und du wirst Erfolg haben.*

## 15. Februar

Good and bad are part of life,
like water and fire are part of the earth.

*Gutes und Schlechtes gehört zum Leben*
*– wie Wasser und Feuer zur Erde.*

## 16. Februar

Your thoughts are not my thoughts, yet we still meet
together all times.

*Deine Gedanken sind nicht meine Gedanken,*
*dennoch treffen wir uns immer wieder.*

# 17. Februar

What would happen if that which we search for has
been here all along?

*Was wäre, wenn das, was du suchst, schon längst in dir weilt?*


# 18. Februar

Before you devote yourself to others,
give yourself your whole attention.

*Bevor du dich anderen hingibst,*
*gib dich dir selbst – vollkommen – hin.*

Your combative side should win at the end of the day.

*Die kämpferische Seite in dir sollte am Ende des Tages siegen.*



Do not be ashamed of your actions
if you have been true to your values.

*Schäme dich nicht für dein Tun,*
*wenn du deinen Werten treu geblieben bist.*

# 21. Februar

Time's pace increases,
making each moment more precious.

*Die Zeit dreht sich immer schneller,*
*daher ist der Moment umso bedeutender.*

# 22. Februar

We are all much more than shadows
wandering through the ages!

*Wir alle sind mehr als nur wandelnde Schatten*
*durch verschiedene Zeiten!*

# 23. Februar

Follow your soul and you follow your beauty.

*Folge deiner Seele und du folgst deiner Schönheit.*

# 24. Februar

Don't change a thing in yourself
that can give pleasure to others.

*Nimm nichts von dir, was anderen Freude bereiten kann.*

You cannot hide your thoughts,
as they are mirrored in your face.

*Du kannst deine Gedanken nicht verbergen,
denn sie zeichnen dein Gesicht.*




However small the effort you make - it can be something great.

*Deinen Beitrag zu leisten,
egal, wie klein er auch sein mag, kann eine große Tat sein.*

# 27. Februar

We should change course only after arriving at our goal.

*Erst wenn du am Ende angekommen bist,*
*solltest du deine Richtung wechseln.*

# 28. Februar

Life is full of humour,
even if we don't understand it at first.

*Das Leben selbst hat Humor,*
*auch wenn wir ihn nicht immer gleich verstehen.*

We can benefit from self-reproach.

– 41 –

*Wenn du dich selbst zurechtweist, kann das für dich nur recht sein.*

March

März

Where personal preferences are involved,
remain true to your principles.

*Es gibt persönliche Einstellungen,
da kannst du ruhig standfest bleiben.*



Your feet and your faith will take you everywhere.

*Deine Füße und dein Glaube tragen dich überallhin.*

Can we achieve justice without being unjust?

*Gerechtigkeit zu verwirklichen, ohne dabei ungerecht zu werden*
*– geht das?*




Become a beacon of hope,
instead of hoping now and then.

*Werde selbst zur Hoffnung, anstatt punktuell zu hoffen.*

# 5. März

Everything you do is worthwhile!
Everything you do along your way towards maturity
is worth twice as much.

*Nichts, was du tust, ist umsonst! Und alles,
was du für dein Heranreifen unternimmst, ist doppelt so viel wert.*

# 6. März

Lean on and let yourself fall, as far as you can.

*Lehn dich an, und lass dich fallen, so tief du nur kannst.*

Those who created you deserve respect.

*Denen, die dich erschaffen haben, gebührt der Respekt.*




Be patient with yourself and with the world.

*Habe Geduld mit dir selbst und mit der Welt.*

# 9. März

All that is new within you
will endure when it takes root.

*All das Neue in dir wird Bestand haben,*
*sobald es auf festem Boden angekommen ist.*

# 10. März

Let faith spread out in your soul
so that peace can enter it.

*Breite Treue in dir aus, sodass Ruhe einkehren kann.*

## 11. März

When your inner light starts to shine, this light can help others.

*Wenn es in dir drinnen hell wird,*
*du zu leuchten beginnst, kann dieses Licht anderen helfen.*

## 12. März

We should always think of that which makes us greater.

*Du solltest dich immer wieder daran erinnern lassen,*
*was dich größer werden lässt.*

## 13. März

We can ask for everything,
but if we do nothing, fulfilment can take forever.

*Du kannst um alles bitten,*
*doch ohne ein Handeln dauert die Erfüllung meist eine Ewigkeit.*

## 14. März

Your relationships reflect what you are prepared to give.

*Deine Beziehungen spiegeln das wider, was du bereit bist, zu geben.*

# 15. März

Fly like an eagle over your life
and enjoy the point of view.

*Fliege wie ein Adler über dein Leben und genieße die Perspektiven.*

# 16. März

Time should provide some space for your soul.

*Im Raum der Zeit darf es auch einen Platz für deine Seele geben.*

You do not see your inner beauty in the mirror.

*Deine innere Schönheit ist nicht das,*
*was du in einem Spiegel sehen kannst.*

18. März

Rain falling to the ground
cleanses the spirit and nourishes our lives.

*Der zu Boden fallende Regen reinigt deinen Geist*
*und nährt dein Leben.*

On some days, the atmosphere's negative,
but it won't put out your inner flame.

*Die Blicke mögen sich an manchen Tagen schief
und schwer anfühlen,
doch deine innere Flamme werden sie nicht erlöschen.*



You already have those things you think are missing.

*Was auch immer zu fehlen scheint, es ist schon bei dir.*

Take your hand and lead yourself through life.

*Nimm deine Hand und führe dich durch dein Leben.*



The things we have do not belong to us, we are merely their guardians.

*Was wir haben, gehört uns nicht,*
*wir sind nur Behüter von den Dingen.*

Taking more action means having more life.

*Je mehr du handelst, desto mehr lebst du.*




When we see what people do and have done,
we should not close our eyes, but remain alert.

*Angesichts dessen, was wir Menschen tun und getan haben,
sollten wir nicht die Augen verschließen, sondern wachsam sein.*

# 25. März

Hope is on the horizon and is waiting for us.

*Die Hoffnung liegt am Horizont und wartet auf dich.*

# 26. März

Mutual support is the most efficient way to progress.

*Unterstützung ist die leichteste Form,
um gemeinsam weiterzukommen.*

Your inner light will illuminate your path.

*Dein inneres Licht zeigt dir deinen Weg.*



We are alive, and should never lose sight of this fact.

*Wir leben, und das sollten wir nie aus den Augen verlieren.*

There are many secluded,
uncomplicated places if we look for them.

*Orte der Ruhe und der Einfachheit sind da,*
*wenn du sie finden willst.*




Use your hands and head,
and there will be no reason for shame.

*Wenn du deine Hände und deinen Kopf verwendest,*
*brauchst du dich nicht zu schämen.*

Do only that which is good.

*Tu nur das, was gut ist.*

# April

April

# 1. April

When all around is quiet, we see what we are.

*In der Stille können wir uns erkennen.*


# 2. April

Who is your judge, your legislator, your king?

*Wer ist dein Richter, dein Gesetzgeber und wer dein König?*

# 3. April

Plant a seed, water it, see it grow
– this is one of life's great pleasures.

*Ein neues Samenkorn zu sähen, zu bewässern und mit anzusehen,*
*was sich daraus entwickelt, ist eine wahre Lebensfreude.*

# 4. April

You're alive!
Enjoy and celebrate your life and your vitality.

*Du lebst!*
*Genieße und feiere mit Freude dein Leben und deine Lebendigkeit.*

## 5. April

It's suspect to react in the same unpleasant way
in the same situations.

*Immer gleiche unangenehme Reaktionen*
*in immer gleichen Situationen sind verdächtig.*

## 6. April

Peace conquers everything!

*Friede ist der Sieg über alles!*

Take care of your soul, and you take care of yourself.

*Achtest du auf deine Seele, achtest du dich selbst.*




We share everything we have, as we own nothing.

*… und wir teilten alles, was wir besitzen, denn uns gehört nichts.*

## 9. April

Keeping your head afloat
can be quite a physical challenge.

*Deinen Kopf über Wasser zu halten,*
*kann mitunter eine ordentliche sportliche Herausforderung sein.*

## 10. April

The warmth of love is a thousand times stronger
than the warmth of the sun.

*Die Wärme der Liebe ist tausendmal schöner*
*als die Wärme der Sonne.*

When storm clouds gather above us,
it's high time to change our way of thinking.

*Wenn sich der Himmel über uns zusammenbraut,
ist es höchste Zeit für ein Umdenken.*



As long as you pursue your life's work,
you will never be alone.

*Solange du dein Lebenswerk verfolgst, wirst du niemals allein sein.*

## 13. April

The colour red gives rise to the greatest speculation.

*Die Farbe Rot im Leben gibt uns am meisten zum Spekulieren auf.*


## 14. April

Be woken by a kiss of peace and simplicity,
when all is still dark around you.

*Lass dich von der Ruhe und Einfachheit wachküssen,*
*wenn es noch dunkel um dich herum ist.*

Be courageous and full of hope, and remain so.

*Werde mutig, tapfer und hoffnungsvoll und dann bleibe es.*



When you concentrate on too many things,
you overlook the really important ones.

*Konzentrierst du dich auf zu viele Dinge,
verblasst das eigentlich Wichtige.*

## 17. April

Pay attention to your body when it sends you signals.

*Wenn sich dein Körper zu Wort meldet,*
*solltest du dich mit ihm unterhalten.*

## 18. April

Help is all around, but it has to come from the heart.

*Unterstützung und Hilfe sind überall vorhanden,*
*wichtig ist, dass sie von Herzen kommen.*

## 19. April

You will always be responsible for your actions.

*Du behältst die Verantwortung für deine Taten.*

## 20. April

Just when you thought you'd reached your goal
– another door opens.

*Wenn du glaubst, du bist angekommen,*
*öffnet sich sogleich eine weitere Tür.*

Life likes a challenge and dislikes boredom.

*Dein Leben mag Herausforderung und keine Langeweile.*



Bad times can help us to develop our full potential.

*Dunkle Flecken sind die Nahrung für dein Erblühen.*

We all have the potential to grow and develop,
like a plant and its seed.

*In jedem von uns steckt ein Samenkorn,
der sich wunderschön entwickeln kann.*



Taking a step back doesn't have to be negative,
and is a step forward always progressive.

*Einen Schritt zurückzugehen muss kein Rückschritt sein.
Ein Schritt nach vorne kein Fortschritt.*

# 25. April

Stress is magical
and manifests itself in a thousand faces.

*Stress ist magisch und hat Tausende Gesichter.*


# 26. April

We are one and will always be so.

*Wir sind eins und wir werden es immer bleiben.*

## 27. April

Life wants you to act wisely.

*Das Leben möchte, dass du weise handelst.*


## 28. April

When pain fades, we realise just how good life is.

*Wenn Schmerzen vergehen, wissen wir erst wieder,*
*wie gut es uns sonst so geht.*

## 29. April

Your vocation gives you the satisfaction
of being in the here and now.

*In deiner Berufung findest du dein Glück,
hier und jetzt sein zu dürfen.*


## 30. April

We can see what we are when all is quiet around us.

*In der Stille können wir uns erkennen.*

May

Mai

## 1. Mai

If you keep moving in the same circles,
you'll never discover new ones.

*Wenn du immer die gleichen Kreise drehst,*
*wirst du schwer andere Kreise entdecken.*

## 2. Mai

… Head off into the past and
gather up everything that was left there …

*… ab in die Vergangenheit und schnell alles eingesammelt,*
*was dort geblieben ist …*

# 3. Mai

Sometimes others influence what we do and don't do.

*Was wir machen und nicht machen, hängt nicht nur von uns ab.*

# 4. Mai

There's a right time for everything in life.

*Für alles in deinem Leben gibt es eine richtige Zeit.*

Every mile travelled in life changes you.

*Jeder zurückgelegte Kilometer in deinem Leben verändert dich.*



If you don't get started,
you'll never see where you might arrive.

*Wenn du nicht startest, wirst du nie sehen,*
*wo du ankommen könntest.*

When are you living your life?

*Wann lebst du dein Leben?*



Throw out those things that aren't part of who you are.

*Das, was nicht zu deinem Wesen gehört, gehört aussortiert.*

# 9. Mai

Trust - a life art not easy to create.

*Vertrauen – ist eine Kunst des Lebens,*
*die nicht immer leicht zu kreieren ist.*

# 10. Mai

Love arises where two souls meet up.

*Wo sich zwei Seelen verbinden, entsteht Liebe.*

What is good communication?
Everyone understands it differently,
but we all agree that it should be open and loving.

*Unter einer guten Kommunikation versteht jeder etwas anderes,
doch wir sind uns alle einig, dass sie offen und liebevoll sein soll.*




Your love serves to protect you.

*Deine Liebe kann dich vor allem beschützen.*

13. Mai

Time is too precious to do 10 things at once.

*Die Zeit ist zu schade,*
*um sich immer mit zehn Sachen gleichzeitig zu beschäftigen.*


14. Mai

You know you're on the right road
when simplicity and joy meet up.

*Wenn sich Einfachheit und Freude kreuzen,*
*dann ist es der richtige Weg.*

# 15. Mai

No one can take the beautiful pictures
you have in your head.

*All die schönen Bilder in deinem Kopf*
*kann dir niemand mehr nehmen.*


# 16. Mai

Defeat does not exist, merely a life that has planned
something different for you.

*Niederlagen gibt es nicht, nur ein Leben,*
*das etwas anderes für dich geplant hat.*

## 17. Mai

When your soul speaks to you, stop and listen.

*Wenn deine Seele zu dir spricht,*
*lohnt es sich, alles andere liegen zu lassen.*


## 18. Mai

You can see your beauty each day in your life.

*Du kannst an jedem Tag in deinem Leben deine Schönheit sehen.*

The wave of life will wash over you,
cleansing and purifying.

*Wenn die Welle des Lebens dich erwischt,
reinigt und klärt sie dich zugleich.*




We improve our potential by working together.

*Indem wir uns zusammentun, erhöhen wir unser Potenzial.*

You cannot hold down anything,
because everything and everyone is free.

*Nichts kannst du festhalten, denn alles und jeder ist frei.*



Don't let life ruin the purity of your character.

*Verdirb dir deinen reinen Charakter nicht durch das Leben.*

## 23. Mai

We can jump through hoops, and try to get away
from ourselves, but it won't help much.

*Wir können uns verbiegen, wir können uns vollkommen
von uns selbst entfernen, doch helfen wird uns das nicht viel.*

## 24. Mai

In the morning,
we choose our personal attitude to the day ahead.

*Am Morgen wählt jeder seine ganz persönliche Einstellung
für den Tag.*

None of this is new, you just weren't listening.

*Nichts von dem ist neu, nur deine Ohren waren noch verschlossen.*



Our spirit is the powerhouse of our own creation.

*Unser Geist ist die Hochburg unserer eigenen Schöpfung.*

Let yourself be inspired by the diversity of life.

*Lass dich inspirieren vom Leben, es ist bunt genug.*



Have one free hand
to accept help when it is offered you.

*Lass deine rechte Hand frei,*
*damit du mit ihr Hilfe annehmen kannst,*
*wenn sie dir angeboten wird.*

Listen patiently and cheerfully
to what life wants to say to you.

*Lausche geduldig und munter, was das Leben dir sagen möchte.*




If you want better results, you have to take better action.

*Ein besseres Resultat setzt nicht selten ein besseres Handeln voraus.*

The forces that flow through you are a gift.

*Durch dich hindurch fließen geschenkte Kräfte.*

# June

Juni

Even when your time seems to be passing by,
your inner core remains.

*Auch wenn deine Zeit vergehen mag,*
*so bleibt doch dein innerer Kern erhalten.*




If you accept yourself, anger turns into harmony.

*Wenn du bei dir selbst ankommst, wird aus Wut Harmonie.*

## 3. Juni

Wanting everything and nothing can be self-defeating.

*Alles und nichts zu wollen, passt nicht immer zusammen.*

## 4. Juni

A change of perspective
can often mean a beautiful view.

*Ein einfacher Perspektivenwechsel sorgt oft für eine schöne Aussicht.*

## 5. Juni

It's good to go through life,
but it's far nicer to have a companion on the journey.

*Durch dein Leben zu reisen ist das eine,*
*etwas anderes ist es, es zu zweit zu durchqueren.*

## 6. Juni

Only when you've given everything can you be sure
that it was enough.

*Nur wenn du alles gibst,*
*kannst du das Gefühl haben, dass es genug war.*

As long as you remain active,
there is no end to anything.

*Solange du lebendig bleibst, kann es kein Ende von etwas geben.*




The total sum of our innocence is 50%.

*Die Unschuld gibt es in uns meist nur zu fünfzig Prozent.*

Take a journey to yourself every day.

*Jeder Tag ist eine Reise zu dir selbst wert.*



Your heart speaks, not your mouth.

*Dein Herz spricht, nicht dein Mund.*

What you do is good,
but how you do it is more important.

*Das, was du tust, ist gut, doch wie du es tust, ist wichtiger.*




If you don't start, you cannot improve.

*Wenn du nicht anfängst, kannst du nicht besser werden.*

When you change you become a new person.

- 99 -

*Wenn du dich veränderst, wirst du zu einem neuen Menschen.*



A new life reveals many new questions.

*Ein neues Leben deckt viele neue Fragen auf.*

Your soul is your most powerful tool.

*Deine Seele ist dein mächtigstes Werkzeug.*



Nothing happens for long periods,
but a lot goes on in our minds.

*Es passiert oft nichts, dafür aber umso mehr in unseren Köpfen.*

Everything that your personality radiates will multiply.

*Alles, was du von deiner Persönlichkeit abgibst,*
*wird sich vermehren.*



Don't go around looking for negativity
– reach out your hand and help others.

*Schaue nicht nach links und rechts und suche das Schlechte,*
*sondern strecke deine Hand aus und hilf.*

Life can never be boring
when you're doing what you do best.

*Das Leben kennt keine Langeweile,*
*wenn du es mit deiner Berufung füllst.*



If we can hear, feel and see,
we can live in harmony with ourselves.

*Könnten wir hören, fühlen und sehen,*
*könnten wir im Einklang mit uns selbst leben.*

Your spirit is protected by an invisible shield.

*Ein schützender Mantel liegt unsichtbar über deinem Geist.*




Capture natures the best moments,
since they're priceless.

*Fang dir die wunderbaren Momente der Natur ein,*
*denn sie sind unbezahlbar.*

## 23. Juni

When we protect each other, we hold on to existence.

*Wenn wir uns gegenseitig beschützen,*
*bewahren wir uns – unser Selbst.*


## 24. Juni

Colour your life!

*Färbe dein Leben bunt.*

## 25. Juni

Your courage should always be your friend
and companion.

*Dein Mut soll dir stets ein sehr guter Freund und Begleiter sein.*

## 26. Juni

When you are where you should be,
fulfilment is guaranteed.

*Wenn du dort bist, wo du sein solltest,*
*dann bleibt in dir nichts unerfüllt.*

# 27. Juni

Your soul will give you trust and hope.

*Deine Seele schenkt dir Vertrauen und Hoffnung.*

# 28. Juni

Infinite wisdom is united within you.

*Das unendliche Wissen dieser Welt ist in dir vereint.*

The sweet things in life aren't made of sugar.

*Die Süße des Lebens besteht nicht aus Zucker.*



It could be self-deception
when we say we know what love is.

*Es ist vielleicht ein großer Trugschluss,*
*wenn wir sagen, wir wüssten, was Liebe ist.*

July

Juli

## 1. Juli

Let's take stock and update.

*Ziehen wir Bilanz und aktualisieren wir uns neu.*

## 2. Juli

Progress of all types is very invigorating
and lets us forget the endeavour involved.

*Fortschritte jeglicher Art sind sehr belebend
und sie lassen die Mühen verblassen.*

## 3. Juli

If we let people be what they are, they will still develop.

*Wenn wir die Menschen so lassen, wie sie sind,*
*werden sie sich dennoch weiterentwickeln.*

## 4. Juli

Every ailment can tell a story.
If we listen to it, we will can better understand it.

*Jede Krankheit kann eine Geschichte erzählen.*
*Wenn wir ihr zuhören, werden wir sie schneller verstehen.*

We are changed by who and what surrounds us.

*Wer und was uns umgibt, verändert uns.*



If we come to a standstill,
others will live our dreams for us.

*Wenn wir stehen bleiben, werden andere unsere Träume leben.*

# 7. Juli

Life is a gift, and every single second too.

*Nicht nur das Leben ist ein Geschenk,*
*sondern auch jede einzelne Sekunde.*

# 8. Juli

If a person crosses your way, don't wait too long to find
out what they can do for you, or they might move on.

*Wenn eine Person dein Leben kreuzt, überlege nicht zu lange,*
*was diese Person für dich tun kann, denn sie könnte schon längst*
*weitergegangen sein.*

"Learning" – a very good friend
that accompanies you throughout life.

*Ein sehr guter Freund, der dich dein ganzes Leben begleitet,*
*nennt sich „Lernen".*



Happiness is when your face relaxes and starts to smile.

*Freude ist, wenn sich das Gesicht entspannt und anfängt,*
*mit einem Lächeln zu strahlen.*

## 11. Juli

Speak, and listen to yourself speaking.

*Wer spricht, sollte sich auch selbst einmal zuhören.*

## 12. Juli

Do without things that aren't good for you,
and start anew.

*Lege ab, was nicht gut für dich ist, und beginne neu.*

# 13. Juli

Trust is one of the finest words,
followed by faith and love.

*Vertrauen ist wohl mit eines der größten Wörter,
die es gibt, gefolgt von Glaube und Liebe.*

# 14. Juli

The soul plays the music of your heart.

*Die Seele spielt die Musik deines Herzens.*

Create clarity in the jumble of our minds.

*Verschaffen wir uns Klarheit im Dschungel unseres Kopfes.*




Not knowing what tomorrow holds can bring about trust.

*Nicht zu wissen, was morgen ist,*
*kann Vertrauen im Leben schaffen.*

Truth rises to the top.

*Die Wahrheit schwimmt an der Oberfläche.*



There is room for fear in life,
but it should not gain control.

*Die Angst darf ihren Platz im Leben haben,*
*nur ausbreiten darf sie sich nicht.*

# 19. Juli

Living in the here and now is the art of the present.

*Im Hier und Jetzt zu leben ist die Kunst der Gegenwart.*


# 20. Juli

The evening lets you put together
that which unravelled during the day.

*Am Abend wird in dir wieder das zusammengefügt,*
*was dir über den Tag verloren ging.*

21. Juli
___________________________

Everything can be changed,
even if we don't want to believe it.


*Alles ist veränderbar, auch wenn wir es nicht glauben wollen.*


22. Juli
___________________________

People don't enter your life without reason.
Recognising that reason is the lucky part.


*Nur selten tritt jemand grundlos in dein Leben.*
*Den Grund dafür zu kennen ist ein Glückstreffer.*

Change direction, and your life will take on a new look.

*Einmal deine Richtung gewechselt
und schon sieht dein Leben um einiges anders aus.*




Inspiration is like a sign at the side of the road
showing your change of direction.

*Inspirationen sind wie Wegweiser am Straßenrand,
die deinen Richtungswechsel anzeigen.*

Love is the greatest and most important form
of progress we have.

*Die Liebe unter den Menschen ist der größte
und wichtigste Fortschritt.*




The beauty in every detail of your life
is a never-ending source of energy.

*Die Schönheit in jedem Detail deines Lebens ist eine Macht,
welche unendlich ist.*

Alleviation can be a great help,
but try the more obvious remedies first.

*Erleichterung kann dir vieles verschaffen,*
*Naheliegendes solltest du dabei zuerst ausprobieren.*



Remain true to yourself, according to your own rules.

*Bleib dir ein treuer Freund, nach deinen Regeln des Lebens.*

# 29. Juli

We often only see that which we want to see
and not what's right in front of us.

*Wir sehen sehr lange nur das, was wir sehen wollen,*
*und nicht, was vor unseren Augen ist.*

# 30. Juli

The roots of life give you a firm foundation.

*Die Wurzeln des Lebens erschließen dir deinen Untergrund,*
*der dich festhält.*

There is a suitable match for everything.
All you have to do is find it.

*Von allem und für alles gibt es ein passendes Gegenstück,*
*das es zu finden gilt.*

# August

August

## 1. August

If you want to achieve a lot,
do that which is most important.

*Wenn du dir richtig viel leisten willst,*
*dann leiste dir nur das Wichtigste.*

## 2. August

Express the things that move you internally.

*Was dich im Inneren bewegt, sollte den Weg nach draußen finden.*

## 3. August

Indifference is a negative conclusion.

*Gleichgültigkeit ist ein negativer Trugschluss.*

## 4. August

Taking a step forward is the most important step in life.

*Der Fortschritt ist der wichtigste Schritt im Leben.*

Stones are there to be cleared out of the way,
or to be flown over.

*Steine sind dazu da, sie aus dem Weg zu räumen
oder über sie hinwegzufliegen.*



Carry your beauty in your heart.

*Trage deine Schönheit in deinem Herzen.*

# 7. August

Everyone speaks their own language.

*Jeder spricht seine eigene Sprache.*


# 8. August

Going back to the drawing board
broadens your horizons.

*Wieder bei null anzufangen erweitert durchaus deinen Horizont.*

## 9. August

No price can be put on the richness of your soul.

*Der Reichtum deiner Seele ist unendlich kostbar.*

## 10. August

It's hard to justify criticising others.

*Kritik an Menschen ist schwer begründbar.*

# 11. August

If you look for refuge, you will find it.

*Wer Zuflucht sucht, wird sie finden.*


# 12. August

There are some things in life that you have to deal with.
If you don't, they will pile up until you have to pick
them up.

*Es gibt Dinge im Leben, die hast du zu erledigen, und wenn nicht,*
*dann bekommst du sie so lange vor die Füße gelegt,*
*bis du sie aufhebst.*

## 13. August

When the first stone starts to roll, more will follow.

*Wenn der erste Stein ins Rollen kommt,*
*gleiten die anderen einfach mit.*


## 14. August

Emptiness arises where space is freed up.

*Leere entsteht dort, wo Plätze frei werden.*

## 15. August

You can go your own way.

*Du hast deinen eigenen Weg.*


## 16. August

Your body doesn't need more of everything
– the opposite is generally true.

*Meist braucht dein Körper nicht mehr von allem,*
*sondern genau das Gegenteil.*

# 17. August

In the disciplines involving no limits,
you should set none.

*In den Disziplinen, wo es keine Grenzen gibt,
solltest du dir auch keine setzen lassen.*

# 18. August

Emerging ideas animate and illuminate life.

*Aufsteigende Ideen beleben das Leben und lassen es bunter leuchten.*

Your intuition is wise and will show you the way,
as long as you have faith in it.

*Deine Intuition weiß mehr und weist dir den Weg,
solange du ihr vertraust.*




Do we actually know how well off we are?

*Wissen wir eigentlich, wie gut es uns geht?*

## 21. August

What counts is
that everything turns out right in the end!

*Entscheidend ist, dass sich am Ende alles zum Guten wendet!*

## 22. August

Experience everything, giving all you have.

*Alles erleben und dabei alles geben.*

Souls recognise each other, even if people are blind.

*Die Seelen erkennen sich gegenseitig,*
*auch wenn die Menschen blind sind.*



Turning around and looking back gives you
new insights for what has been, and what will be.

*Dich umzudrehen und zurückzublicken*
*eröffnet dir neue Sichtweisen für das, was war,*
*und das, was sein wird.*

A love of life and a smile on your face
warms the heart and makes it glow.

*Lebensfreude und ein Lächeln im Gesicht
erwärmen dein Herz und lassen es strahlen.*



Dedication means true perfection.

*Wenn die Hingabe siegt, beginnt die wahre Vollkommenheit.*

# 27. August

It's good to have aspirations,
but aspiring is much more exciting.

*Die Sehnsucht zu kennen ist gut,
sie zu durchleben noch viel spannender.*

# 28. August

When the world turns, we should turn with it.

*Wenn die Welt sich dreht, sollten wir uns mit ihr drehen.*

## 29. August

When everything is supposed to work, nothing works.
For a good reason.

*Wenn alles funktionieren soll, funktioniert meist nichts.*
*Begründeterweise.*


## 30. August

Lively company refreshes the mind
and opens up new ways of thinking.

*Eine gesellige Runde erfrischt deinen Geist*
*und eröffnet dir neue Gedanken.*

# 31. August

Truth is in your heart and not on your lips.

*Die Wahrheit liegt in deinem Herzen und nicht auf deinen Lippen.*

# September

September

# 1. September

Everything that defines us was brought about by us,
so there are no excuses.

*Alles, was uns ausmacht, wurde von uns ins Leben gerufen,
und somit gibt es kein ABER.*

# 2. September

It's always the small details that make a big difference.

*Immer wieder sind es die kleinen Details,
die den großen Unterschied ausmachen.*

## 3. September

If you don't have a will, there won't be a way.

*Wenn es in dir keinen Willen gibt, findest du auch keinen Weg.*


## 4. September

Problems are best solved where they arise.

*Probleme lösen sich am besten dort, wo sie entstehen.*

# 5. September

A strong, resolute soul is glad to show itself.

*Eine starke und kräftige Seele zeigt sich uns gern.*

# 6. September

Every day has something important to offer.

*Jeder Tag bringt wichtiges Neues mit sich.*

# 7. September

There is no real solitude.

*Eine richtige Einsamkeit gibt es nicht.*

# 8. September

You will obtain peace only if you welcome it.

*Ruhe kehrt nur dann ein, wenn du sie willkommen heißt.*

## 9. September

"Who would have thought" is a judgemental attitude,
because nearly everything is possible.

*„Wer hätte das gedacht" zeugt von einer voreingenommenen
Sichtweise. Denn so ziemlich alles ist möglich.*

## 10. September

Reach for the stars in the sky
and not for the stones on the ground.

*Greife nach den Sternen am Himmel
anstatt nach den Steinen am Boden.*

## 11. September

Every one of us has memories
that we can only compare with our own lives.

*Jeder von uns trägt Erinnerungen in sich,*
*die wir nur mit unserem eigenen Leben vergleichen können.*


## 12. September

Sunrise and sunset encompass our day.

*Sonnenaufgang und Sonnenuntergang*
*umschließen den Tag, der uns gehört.*

## 13. September

Your mind knows what you're capable of, just ask it.

*Die Seele kennt deine Möglichkeiten, frag sie doch mal.*


## 14. September

Even when your eyes are the same,
your view can change.

*Auch wenn deine Augen dieselben bleiben,
so kann sich doch dein Blick ändern.*

## 15. September

Purity will bathe you in life's glow.

*Die Reinheit lässt dich erstrahlen im Antlitz des Lebens.*


## 16. September

All your deeds are worthy, whether big or small.

*Egal, wie klein oder groß deine Tat auch sein mag,*
*sie ist dennoch unerlässlich.*

## 17. September

You take responsibility for planning your life,
and are answerable only to yourself.

*Deine Lebensgestaltung liegt in deiner Eigenverantwortung.*
*Rechtfertigen musst du dich nur vor dir selbst.*


## 18. September

Change your words and change the world.

*Veränderst du deine Wörter, veränderst du die Welt.*

## 19. September

Your soul dreams your dream for you.

*Deine Seele träumt für dich deinen Traum.*

## 20. September

You are the origin and life force of your enthusiasm.

*Begeisterung kann nur in dir selbst entstehen und gedeihen.*

The greatest power belongs to the ego.

*Die größte Macht gehört dem Ich.*



Differences come and go.

*Unterschiede kommen und gehen.*

## 23. September

We should invent time, so we can sell it in bottles.

*Wir sollten die Zeit erfinden,*
*dann können wir sie uns in Flaschen kaufen.*

## 24. September

Each thought sets something in motion.

*Jeder Gedanke setzt einen Anfang in Bewegung.*

## 25. September

Disappointments are annoying hindrances
on the route to improvement.

*Enttäuschungen sind lästiger Ballast auf dem Weg der Verbesserung.*

## 26. September

Stress has more than one face.

*Stress hat mehr als nur ein Gesicht.*

# 27. September

Be a friend to "it", rather than an enemy.

*Nenne „ihn" lieber Freund als Feind.*


# 28. September

The music of life has
an infinite number of pieces ready for you.

*Die Tonleiter des Lebens hält für dich*
*noch unendlich viele neue Stücke bereit.*

29. September

You have progressed
when questions are resolved and answers provided.

*Wenn sich die Fragen auflösen und sich die Antworten ausbreiten,*
*dann bist du ein gutes Stück weitergekommen.*

30. September

Free your mind to really live.

*Mach dein Gehirn frei, um wirklich leben zu können.*

October

Oktober

## 1. Oktober

Become strong through cooperation.

*Tanken wir Kraft, indem wir uns zusammentun.*

## 2. Oktober

The times are calling for action,
and people are starting to listen.

*Die Zeit schreit nach Aufbruch und Veränderung
und die Ersten hören ihr zu.*

Whatever we divulge is used anew.

*Was wir preisgeben, wird wiederverwendet.*




Life's abundance are all around, if you look for them.

*Die Fülle des Lebens ist direkt vor dir, wenn du sie suchst.*

## 5. Oktober

Taking time to slow down
and rest is a real challenge for those with no time.

*Verweilen und Ruhen
ist eine echte Herausforderung für die Zeitlosen.*

## 6. Oktober

Innovation is the product of thought
and contemplation.

*Denken – nachdenken, lassen in dir ganz andere Dinge entstehen.*

# 7. Oktober

Our minds can benefit from simplicity
and minimalism.

*Minimalismus und Einfachheit tut uns
außerhalb der Gehirnregionen sehr gut.*

# 8. Oktober

Saying no always means saying yes a little.

*Nein sagen beinhaltet immer auch ein Ja.*

Love creates beauty.

*Liebe macht schön.*




The mind is full of creativity, but people have to share it.

*Der Geist kann sich viel ausdenken,*
*doch zugleich braucht er den Menschen, um es zu teilen.*

# 11. Oktober

Daily activities keep us on our toes.

*Deine Routine hält das Rad lebendig.*

# 12. Oktober

"Crossed" roads also lead to Rome.

*Auch „verkreuzte" Wege führen nach Rom.*

# 13. Oktober

Loud voices heard are better than silent ones.

*Laut gehörte Stimmen sind besser als schweigende.*

# 14. Oktober

A progressive spirit follows its destiny.

*Der fortschrittliche Geist folgt seiner Bestimmung.*

## 15. Oktober

A comma is not a full stop.

*Ein Komma ist noch lange kein Punkt.*


## 16. Oktober

You will encounter the unexpected
when you're not expecting it.

*Unerwartetes wartet auf dich, wenn du es nicht erwartest.*

We should think about that which we least understand.

*Das, was wir nicht verstehen,*
*sollte uns am meisten zu denken geben.*



Endurance is when you keep going beyond your goal.

*Durchhalten über das Ziel hinaus, das ist Ausdauer.*

# 19. Oktober

Look deep into your life, and you will see your friends.

*Wer glaubt, keine Freunde zu haben,*
*der schaue einmal genau in sein Leben hinein.*


# 20. Oktober

The seasons change every three months – and you?

*Das Jahr verändert sich alle drei Monate und du?*

When things are going too well,
we often forget the essentials.

*Wenn es uns zu gut geht, vergessen wir oft das Wesentliche.*



Life needs some thrills and nerviness.

*Aufregung und Nervosität haben auch ihre Berechtigung im Leben.*

## 23. Oktober

If we meet at eye level,
we can deal with each other on equal terms.

*Wenn wir Treppen hinuntersteigen,*
*können wir uns besser auf gleicher Augenhöhe unterhalten.*


## 24. Oktober

Insecurity becomes a problem
when it is smothered by another trait.

*Unsicherheit ist dann problematisch,*
*wenn sie durch eine andere Eigenschaft überdeckt wird.*

Don't throw old stuff overboard,
make something new out of it.

*Altes neu zu überarbeiten, ist oft besser, als es über Bord zu werfen.*



Your inner self will seek to justify itself.

*Dein Inneres sucht sich die Antworten auf seine Berechtigung.*

# 27. Oktober

Days pass by, and we look on.

*Die Tage vergehen und wir lassen sie vorüberziehen.*

# 28. Oktober

Being open is essential to being understood.

*Offenheit bei uns Menschen macht viel aus beim Versuch,*
*uns untereinander zu verstehen.*

## 29. Oktober

New discoveries broaden our horizons
and make us more mature.


*Neue Entdeckungen erweitern den Horizont und lassen uns reifen.*


## 30. Oktober

Talking was invented
so that we don't have to listen to ourselves.

*Das Reden wurde erfunden,*
*um sich selbst nicht zuhören zu müssen.*

We can learn to be patient,
if we reject other ways of doing things.

*Geduld ist erlernbar. Du musst dafür nur alles von dir abweisen.*

# November

November

# 1. November

The family is the cornerstone of everything that grows,
regardless of how "family" is defined.

*Die Familie ist der Grundstein für all das, was heranwächst,
ganz egal, wie du „Familie" definierst.*

# 2. November

Trivial things should remain trivial
and not broadcast to the world.

*Belangloses sollte belanglos bleiben
und nicht den Weg in die Welt nach draußen genießen.*

## 3. November

One day, you will be rewarded
for all the efforts you made.

*Eines Tages wird der Preis in deinen Händen liegen
für all die Anstrengungen, die du getätigt hast.*

## 4. November

When the day begins,
everything is fresh and new, having no limits.

*Wenn der Tag anbricht, beginnt wieder alles bei null
und alles kann die Unendlichkeit erreichen.*

## 5. November

Sometimes, one sentence is enough.

*Ein Satz kann zuweilen genug sein.*

## 6. November

The soul can benefit from the cleansing power of tears.

*Die Tränen des Alltags sind für die Seele eine reinigende Erlösung.*

# 7. November

We are all human and we should help each other.

*Wir sind alle Menschen und wir könnten uns gegenseitig helfen.*


# 8. November

Our body is more than a shell.
It is everything that we are.

*Unser Körper ist mehr als eine Hülle, die uns umgibt,*
*er ist hundert Prozent wir selbst.*

## 9. November

When under pressure, things at the surface become
evident, but not the deeper meaning.

*Unter Druck kommt nur das ans Tageslicht,
was sich ganz oben befindet, nicht aber der tiefere Sinn.*

## 10. November

No-one can say it doesn't exist what he wants.

*Keiner kann sagen, das, was er will, gibt es für ihn nicht!*

# 11. November

Wishing for something is worthwhile.

*Sich etwas zu wünschen, ist sehr wünschenswert.*

# 12. November

Can you spare a smile for with us?

*Hast du ein Lächeln für uns andere übrig?*

## 13. November

Let joy arise everywhere there is none.

> *Lassen wir überall dort Freude entstehen,*
> *wo wir ihr am wenigsten begegnen.*

## 14. November

Death is a shadow surrounding you.
Have no fear, it is not his fault.

> *Der Tod ist ein Schatten, der dich umgibt.*
> *Habe keine Angst vor ihm, er kann nichts dafür.*

# 15. November

Knowledge is not in the electronic details
but in flesh and blood.

*Das Wissen verbirgt sich nicht in elektronischen Details,*
*sondern tief zwischen Fleisch und Blut.*

# 16. November

God will be with us when we need Him.

*Gott wird bei uns sein, wenn wir es wollen.*

# 17. November

Nothing moves forward in stagnation.

*Im Stillstand bewegt sich meist nicht viel.*

# 18. November

We can do much more than we see, much more than we think and far more than we dream of.

*Wir können viel mehr, als wir sehen, viel mehr, als wir erahnen, und viel mehr, als wir uns erträumen.*

# 19. November

Your own home is a source of strength
for all deeds that follow.

*Das eigene Heim ist die Kraftquelle aller folgenden Taten.*

# 20. November

Loving hearts should not despair.

*Auf dass die lebenden Herzen nicht verzweifeln.*

# 21. November

We feel uneasy when we cannot see what others are.

*Wenn wir dein Gesicht nicht erkennen können,*
*bringt uns das Unwohlsein.*


# 22. November

We find warmth and affection
when we pay more attention to each other.

*Die Wärme und Zuwendung unter uns finden wir dann,*
*wenn wir uns mehr aufeinander zubewegen.*

# 23. November

The future can start at any time
and changes us if we remain in motion.

*Die Zukunft startet in jedem Augenblick
und verändert uns, wenn wir beweglich bleiben.*

# 24. November

Our soul moves in the wind of life, bending to our will.

*Unsere Seele bewegt sich im Wind des Lebens
und lässt sich gerne von uns leiten.*

# 25. November

Stop, turn around and see the wonder of life.

*Stopp! Dreh dich 180 Grad im Kreis*
*und erlebe das Leben in seiner vollen Pracht.*

# 26. November

Life's whims have no attraction when we are one.

*Die Launen des Lebens winken vergebens, wenn wir uns einig sind.*

# 27. November

When a stranger crosses your path, don't overlook him.

*Kreuzt ein dir noch unbekannter Mensch dein Leben,*
*übersieh ihn lieber nicht.*

# 28. November

It's hard to have an opinion if you're not there,
but in any case, love is stronger than hate.

*Wer nicht vor Ort ist, kann sich schwer eine Meinung bilden,*
*dennoch ist Liebe schöner als Hass.*

# 29. November

Let's liberate ourselves from duties,
free ourselves from pressure and stress.

> *Entkoppeln wir uns vom Muss,*
> *entkoppeln wir uns auch von Druck und Stress.*

# 30. November

Experts know that there's more below the surface.

*Spezialisten haben aufgehört, an der Oberfläche zu graben.*

December
Dezember

# 1. Dezember

Everything you need is there waiting for you.

*Alles, was du brauchst, wartet schon darauf, abgeholt zu werden.*

# 2. Dezember

Today only:
Today only, don't give in,
Today only, don't fit in,
Today only, follow your inner voice.

*Nur heute:*
*nur heute verbiege dich nicht*
*nur heute passe dich nicht an*
*nur heute folge deiner inneren Stimme*

## 3. Dezember

Do nothing and have fun doing it!

*Nichts tun und dabei Spaß haben!*

## 4. Dezember

Each of us can do something every day for a better life.

*Jeder kann einen täglichen Beitrag für ein besseres Leben leisten.*

## 5. Dezember

Follow what moves you, until the end.

*Verfolge das, was dich im Inneren bewegt, bis zum Schluss.*

## 6. Dezember

Our spirit always returns to its origin.

*Unsere Seele kehrt immer wieder zum Ursprung zurück.*

# 7. Dezember

The body is the instrument on which we play our song.

*- 195 -*

*Der Körper: das Instrument,*
*mit dem wir unser Lied spielen dürfen.*

# 8. Dezember

Pure thoughts prosper in a pure environment.

*Ist die Umgebung rein, so folgen die Gedanken dieser Reinheit.*

# 9. Dezember

Life is exciting if we set no boundaries.

*Das Leben ist aufregend, wenn wir es nicht begrenzen.*

# 10. Dezember

If you always want to be a winner, you are one.

*Wann immer du ein Gewinner sein willst, bist du einer.*

# 11. Dezember

No matter how, you are precious and your life is too.

*Egal wie, du bist kostbar und dein Leben wertvoll.*


# 12. Dezember

Whenever possible, don't get in your own way.

*Wann immer es geht, steh dir nicht selbst im Weg.*

## 13. Dezember

We're compatible with what makes us what we are.

*Wir sind kompatibel mit dem, was uns ausmacht.*


## 14. Dezember

You can do everything you cannot do.

*Alles, was du nicht kannst, kannst du.*

# 15. Dezember

Whoever can control his emotions is strong.

*Stark ist, wer emotionale Ausbrüche regulieren kann.*


# 16. Dezember

Your dreams are real, "tangible" phases in life.

*Deine Träume sind reale „anfassbare" Lebensabschnitte.*

True perfection can be seen in Nature.

*Die wahre Vollkommenheit erscheint uns in der Natur.*



See the signs at the side of your life's road,
and understand them.

*Sieh und deute die Zeichen, die an deinem Wegesrand stehen.*

# 19. Dezember

Life's to-do list is much longer than we imagine.

*Die To-do-Liste unseres Lebens ist viel größer,*
*als wir heute erahnen können.*


# 20. Dezember

The circles of life close,
and adapt their lines continuously.

*Die Kreise des Lebens schließen sich immer wieder*
*und passen sich neu an.*

# 21. Dezember

Reflection lets us acknowledge what exists,
seeing what can be.

*Besinnlichkeit gibt uns die Kraft, anzuerkennen, was ist,
und zu sehen, was sein kann.*


# 22. Dezember

Serenity gives us inner peace,
when it's not marked by indifference.

*Gelassenheit, die nicht durch Gleichgültigkeit geprägt ist,
gibt uns innere Ruhe.*

# 21. Dezember

Reflection lets us acknowledge what exists,
seeing what can be.

*Besinnlichkeit gibt uns die Kraft, anzuerkennen, was ist,*
*und zu sehen, was sein kann.*


# 22. Dezember

Serenity gives us inner peace,
when it's not marked by indifference.

*Gelassenheit, die nicht durch Gleichgültigkeit geprägt ist,*
*gibt uns innere Ruhe.*

# 25. Dezember

Clarity in your life benefits us all.

*Klarheit im Leben kommt uns allen zu Gute.*

# 26. Dezember

Your faith is the origin of eternity.

*Dein Glaube ist der Ursprung der Unendlichkeit.*

# 27. Dezember

Life never stops, unfortunately, people do.

*Das Leben macht keine Pause, der Mensch leider schon.*


# 28. Dezember

The old is almost over, and the new awaits you.

*Das Alte neigt sich zu Ende und das Neue wartet schon auf dich.*

# 29. Dezember

I have to do the best I can before I can take all there is.

*Zuerst will ich alles geben, erst dann kann ich alles nehmen.*


# 30. Dezember

Follow your destiny, your inner voice,
whatever form it takes.

*Folge deinem Weg, deiner inneren Stimme,*
*ganz egal, wie verrückt sie zu dir spricht.*

We who read these lines have so much more of life that
we can share.
                                        - 207 -

*Und wir, die wir diese Zeilen lesen, haben noch so viel mehr im
Leben, was wir teilen könnten.*

Die 365 Sätze entstanden, Tag für Tag, in einer Zeit,
die viel Neues für mich bereithielt.

Als die Stimme mich rief, bin ich ihr gefolgt, bis zu
diesem Buch. Nun folgst du ihr und trägst die Sätze
in dir, bis an ihr nächstes Ziel.

# Über die Autorin

2015 trat ich meine Reise als Autorin an. Eine Reise und oft auch ein Abenteuer, bei dem ich nicht im Geringsten ahnte, wohin es mich führen wird.

Erst entstand ein Buch. Ganz naiv und einfach so habe ich es veröffentlicht. Dann folgte ein zweites und jetzt sind es über dreizehn Bücher, die ich herausgegeben habe. Und es werden noch mehrere Bücher kommen, denn das Schreiben lässt mich nicht los.

Ich träume davon, dass ich schreiben soll. Eine unsichtbare Hand schiebt mich immer dann nach vorn, wenn ich mal wieder eine Weile nicht geschrieben habe. Diese Hand ermahnt mich sanft, diesen Weg immer weiterzugehen, egal wohin er führen mag.

Daher, wir wissen nie, was das Leben mit uns vorhat, doch wenn wir uns darauf einlassen, dürfen wir oft Spannendes erleben.

Dank meiner Bücher kann ich dich heute auf vielen Ebenen inspirieren, ich kann meine Gedanken mit dir teilen und sie zugleich in die Welt tragen. So kann ich das leben, was mein Herz sich wünscht.

Heute begleiten mich die verschiedensten Menschen auf meinem Weg und du bist jetzt einer davon. Denn durch die Zeilen in meinen Büchern sind wir verbunden. Die Worte sprechen zu dir, so als wenn ich sie dir direkt erzählt hätte.

Egal wo ich lebe und noch leben werde, das Schreiben wird etwas sein, was ich überallhin mitnehme. Es wird mich wohl bis ans Ende meiner Tage begleiten. Und das ist gut so, denn so inspiriere ich Menschen nicht nur zum Lesen, nein, viele Menschen habe ich auch dazu inspirieren können, ihr eigenes Buch zu schreiben. Du musst wissen, sein eigenes Buch zu schreiben, das ist ein ganz besonderer Prozess und zugleich eine sehr schöne Erfahrung.

Daher, wir wissen nie, was das Leben noch alles mit uns vorhat!


For a better life
Bettina Gronow

# Buchempfehlungen

**Bettina Gronow**

# AN 365 TAGEN

Dein Tagesbegleiter
in deutsch.

Greife nach den Sternen
am Himmel anstatt nach
den Steinen am Boden.

**Bettina Gronow**

# EN 365 DÍAS

Dein Tagesbegleiter in
spanisch / deutsch.

Alcanza las estrellas
del cielo, en vez de
las piedras del suelo.

**Bettina Gronow**

## 365 JOURS

Dein Tagesbegleiter in
französisch / deutsch.

Saisis les étoiles dans
le ciel au lieu de ramasser
les pierres au sol.

**Bettina Gronow**

## 365 TAGE LEBENSENERGIE

Dein Tagesbegleiter in
4 Sprachen.

Greife nach den Sternen
am Himmel anstatt nach
den Steinen am Boden.